Gerhard Engelsberger

Denn du bist bei mir

Heilsame Gebete und Gedanken

KREUZ

© KREUZ VERLAG
in der Verlag Herder GmbH, Freiburg im Breisgau 2011
Alle Rechte vorbehalten
www.kreuz-verlag.de

Umschlaggestaltung: Bergmoser + Höller GmbH, Aachen
Umschlagmotiv: © Magdalena Kucova/istockphoto.com
Autorenfoto: © privat
Illustration: GEP-Grafiken

Satz: de·te·pe, Aalen
Herstellung: fgb · freiburger grafische betriebe, Freiburg
www.fgb.de

Gedruckt auf umweltfreundlichem, chlorfrei gebleichtem Papier
Printed in Germany

ISBN 978-3-451-61027-1

Gerhard Engelsberger

Denn du bist bei mir

Inhalt

Hier kann ich sein,
will es aber nicht.
Dort will ich sein
und kann es nicht.
Und elend bin ich
hier wie dort.

Augustinus von Hippo

Wenn ein christlich Herz ernstlich zu Gott
betet, schreit, seufzt, fleht und hält an,
so ist's unmöglich, dass ein solch Gebet
nicht sollte von Gott erhöret werden.

Martin Luther

Vater unser im Himmel.
Geheiligt werde dein Name.
Dein Reich komme.
Dein Wille geschehe,
wie im Himmel, so auf Erden.
Unser tägliches Brot gib uns heute.
Und vergib uns unsere Schuld,
wie auch wir vergeben unseren Schuldigern.
Und führe uns nicht in Versuchung,
sondern erlöse uns von dem Bösen.
Denn dein ist das Reich und die Kraft
und die Herrlichkeit in Ewigkeit.

Jesus von Nazareth

Vorwort

Da ist keine uns bekannte Kultur, die die heilende Kraft des Gebetes bestreitet; keine Religion, die auf Gebete und Riten verzichtet; kein Mensch, der nicht »gute Worte« schätzt und sucht.

Ich habe in diesem Buch kurze, leicht verständliche Gedanken und Gebete gesammelt und sie Krisensituationen zugeordnet.[1]

Ich tue dies in der tiefen Überzeugung, dass Beten heilt, dass Worte heilen können und dass der Austausch – wie übrigens auch das einfache, ruhige Nachsprechen – heilender Worte und Gebete und damit ihr »alltäglicher« Gebrauch wesentlich zur Gesundung des Einzelnen wie einer Kultur beitragen.

Gerhard Engelsberger

Überlastung und Entlastung

… es ist mir zu schwer.

4. Mose 11,14b

Von einer Überlastung spricht man im Schach, wenn ein Stein nicht gleichzeitig zwei Deckungsaufgaben bewältigen kann. Jeder Schachspieler weiß, dass Überlastung meist in wenigen Zügen zum »Schachmatt« führt.

So wie eine Schachfigur überfordert ist, wenn sie zwei Deckungsaufgaben übernehmen muss, so ist es eine Binsenweisheit, dass man nicht drei Hasen gleichzeitig jagen kann. Man wird keinen fangen.

Lange habe ich vielleicht so getan, als ob das ginge. Lange habe ich gute Miene zum bösen Spiel gemacht. War stolz, wenn mir zusätzliche Aufgaben übertragen wurden. Fühlte mich geschmeichelt durch ein »Sie schaffen das«.

Jetzt schaffe ich es nicht mehr.
Jetzt drohe ich, auf der Strecke zu bleiben.
Die Arbeit im Beruf oder zu Hause hat längst ein heilsames Maß verlassen.
Ich kann nicht mehr.
Ich will nicht mehr.

Als Mose unter der Last seiner Verantwortung stöhnt: »… es ist mir zu schwer«, gar lieber sterben möchte, als die eigene Ohnmacht zu verklären, fordert ihn Gott auf, siebzig Männer auszusuchen, die ihn entlasten sollen (vgl. 4. Mose 11).

Für eine arbeitsteilige Gesellschaft die provokante Lösung eines scheinbar individuellen Problems.

Ich will nicht hetzen

Ich bin gekommen,
damit sie das Leben
und volle Genüge haben sollen.

Johannes 10,10

Gott,
gib mir die Gelassenheit,
Dinge hinzunehmen,
die ich nicht ändern kann.

Gib mir den Mut,
Dinge zu ändern,
die ich ändern kann.

Und gib mir die Weisheit,
das eine vom anderen
zu unterscheiden.

*Reinhold Niebuhr, amerikanischer Theologe, Philosoph und
Politikwissenschaftler (1892–1971), zugeschrieben*

Ich bin abgespannt

Behüte mich
wie einen Augapfel im Auge,
beschirme mich
unter dem Schatten deiner Flügel.

Psalm 17,8

Gott,
man hat mich zusammengefaltet
wie ein Taschentuch.
In die Ecke gestellt
wie einen Schirm.
Ich bin müde.

Dich bitte ich neu um Kraft.
Du bist die Quelle.
Dich bitte ich neu um Klarheit.
Du bist das Licht.
Dich bitte ich neu um Freude.
Du bist der Ursprung.

Ich möchte nicht versinken.
Ich möchte nicht umherirren.
Ich möchte nicht weinen um diesen Tag.

Und doch bitte ich dich:
Segne, was kommt,
kläre, was ist,
und heile, was bleibt.

Nicht überfordern

Mein Kind, verliere dich nicht in viele Geschäfte;
denn wenn du dir zu viel vornimmst,
bleibst du nicht ohne Schuld. Wenn du dich
noch so sehr anstrengst, so erlangst du doch nichts; und
wenn du auch davonlaufen möchtest,
so kommst du doch nicht heraus.

Jesus Sirach 11,10

Mein Gott,
ich kann nicht mehr.
Ich bin leer,
ohne Lebensfreude,
alle Energie ist verbraucht.

Dein Heiliger Geist
befreit und richtet auf.
Dein Heiliger Geist
zeigt feste Wege und weiten Raum.
Dein Heiliger Geist
schenkt freien Atem und klare Sicht.
Dein Heiliger Geist
macht Mut zu ehrlichem Ja und Nein.

Unterbrich das tödliche Geben und Nehmen.
Schenke mir eine heilende Auszeit.
Komm, Heiliger Geist.

Auszeit und Hilfe

Meine Seele soll sich freuen des HERRN
und fröhlich sein über seine Hilfe.

Psalm 35,9

Gott, zu dir rufe ich
am frühen Morgen,
hilf mir beten
und meine Gedanken sammeln;
ich kann es nicht allein.

In mir ist es finster,
aber bei dir ist Licht,
ich bin einsam,
aber du verlässt mich nicht,
ich bin kleinmütig,
aber bei dir ist Hilfe,
ich bin unruhig,
aber bei dir ist Frieden,
in mir ist Bitterkeit,
aber bei dir ist die Geduld,
ich verstehe deine Wege nicht,
aber du weißt den rechten Weg für mich.[2]

Dietrich Bonhoeffer (1906–1945), deutscher evangelischer
Theologe, im Widerstand gegen den Nationalsozialismus,
gefangen genommen 1943, hingerichtet am 9. April 1945

Noch längst nicht am Ende

Elia aber ging hin in die Wüste eine Tagereise weit
und kam und setzte sich unter einen Wacholder
und wünschte sich zu sterben und sprach:
Es ist genug, so nimm nun, HERR, meine Seele;
ich bin nicht besser als meine Väter.

1. Könige 19,4

Dein Engel hat mich berührt.
Ich bin nicht allein.
Ich bin nicht am Ende.

In der Stille spüre ich,
wie die Angst weicht.
Ich atme durch.
Du bist da.

Ja, ich will vertrauen.
Ja, ich werde ruhiger.
Ja, ich sehe klarer.

Ja, ich habe gespürt:
Ich darf noch weite Wege gehen.

Der Druck weicht

HERR, höre die gerechte Sache,
merk auf mein Schreien,
vernimm mein Gebet
von Lippen, die nicht trügen.
Sprich du in meiner Sache;
deine Augen sehen, was recht ist.
Du prüfst mein Herz und suchst es heim bei Nacht;
du läuterst mich und findest nichts.
Ich habe mir vorgenommen,
dass mein Mund sich nicht vergehe.
Erhalte meinen Gang auf deinen Wegen,
dass meine Tritte nicht gleiten.

Psalm 17,1–3.5

Bevor des Tages Licht vergeht,
O Herr, der Welt, hör dies Gebet:
Behüte uns in dieser Nacht
durch deine große Güt' und Macht.

Hüllt Schlaf die müden Glieder ein,
lass uns in dir geborgen sein,
und mach am Morgen uns bereit
zum Lobe deiner Herrlichkeit.

Dank, dir, o Vater, reich an Macht,
der über uns voll Güte wacht,
und mit dem Sohn und Heil'gen Geist
des Lebens Fülle uns verheißt.

Kirchengebet nach dem Hymnus »Te lucis ante terminum«

Ich bin müde

Die auf den HERRN harren,
kriegen neue Kraft,
dass sie auffahren mit Flügeln wie Adler,
dass sie laufen und nicht matt werden,
dass sie wandeln und nicht müde werden.

Jesaja 40,31

Müde bin ich, geh' zur Ruh',
schließe beide Äuglein zu.
Vater, lass die Augen dein
über meinem Bette sein.

Hab ich Unrecht heut getan,
sieh' es, lieber Gott, nicht an!
Deine Gnad' und Jesu Blut
machen allen Schaden gut.

Alle, die mir sind verwandt,
Gott, lass ruh'n in deiner Hand.
Alle Menschen groß und klein,
sollen dir befohlen sein.

Müden Herzen sende Ruh,
nasse Augen schließe zu.
Lass den Mond am Himmel steh'n
und die stille Welt beseh'n.

Louise Hensel (1798–1876)[3]

Nimm mir den Zorn

Und Jakob wurde zornig
und schalt Laban und sprach zu ihm:
Was hab ich Übles getan oder gesündigt,
dass du so hitzig hinter mir her bist?

1. Mose 31,36

Siehe, mein Herr Christus,
da hat mich mein Nächster
ein wenig geschädigt,
hat mich
ein wenig an meiner Ehre gekränkt,
hat mich
ein wenig übervorteilt:
das kann ich nicht ertragen,
darum wollte ich ihn gern tot haben.

Ach, mein Gott,
lass dir das geklagt sein:
ich wollte ihm gerne gut sein,
aber ich vermag's leider nicht.
Siehe, wie ich so ganz kalt,
ja so ganz tot bin.
Ach Herr, ich kann mir nicht helfen,
da versage ich.
Machst du mich anders,
so bin ich fromm,
sonst bleibe ich,
wie ich vorher gewesen bin.

Martin Luther (1483–1546)

Krankheit und Genesung

Heile du mich, HERR, so werde ich heil;
hilf du mir, so ist mir geholfen.

Jeremia 17,14

Eine Schweizer Versicherungsangestellte
war für einen Tag krank gemeldet, Migräne.
Doch dann entdeckte ihr Arbeitgeber,
dass die Frau im Facebook unterwegs war
– und kündigte ihr.
Begründung: Wer surfen kann, kann arbeiten.

Was eigentlich ist »krank«?
Wer eigentlich ist krank?

Laserdrucker machen krank.
Geiz macht krank.
Stress macht krank.
Fluglärm macht krank.
Arbeit macht krank.
Arbeitslosigkeit macht krank.
Beziehungen machen krank.
Alleinsein macht krank.
Muschelessen, Computer und Handys machen krank;
Baden, Zahnmetalle, zu viel Hygiene machen krank …
es gibt – vertraue ich dem Internet –
nichts Selteneres als Gesundheit.

Als »Kranke« begegnen uns in der Bibel Ausgegrenzte,
Menschen, die ohne Hilfe nicht mehr zurechtkommen,
Behinderte, Gebrechliche, Besessene.
Aber die Bibel weiß auch, dass Angst krank macht,
dass Sorgen und übles Gerede kränken.
So bleibt bei aller Schwierigkeit der Definition eines:

Krankheit schreit zum Himmel.
Ein Mensch braucht Hilfe
Eine Seele sucht ihren Gott.

Stark gegen Abhängigkeit

Der Mensch bedarf zu seinem Leben
vor allem Wasser, Feuer, Eisen,
Salz, Mehl, Milch, Honig,
Wein, Öl und Kleider.

Jesus Sirach 39,31

Gott,
ich brauche nicht viel
und du hast mir viel gegeben.

Nun hilf mir,
mit dem wenigen auszukommen
und das viele zu genießen.

Nimm mir alles,
was mich bindet.
Löse mich
von meinen Abhängigkeiten.

Schenke mir ein heilsames Maß
bei der Arbeit,
beim Essen und Trinken,
beim Weinen und Lachen,
beim Lieben und Streiten.

Du bist mein Lot.
Richte mich neu aus
und bleibe bei mir,
wenn ich das Maß
zu verlieren drohe.

Ich bin anfällig, mach du mich frei

Zur Freiheit hat uns Christus befreit!
So steht nun fest und lasst euch nicht wieder
das Joch der Knechtschaft auflegen!

Galater 5,1

Gott,
du bist meines Herzens Frieden,
meiner Hände Halt,
meiner Füße Weg,
meines Lebens Grund,
Quelle und Ziel.
Mehr weiß ich nicht zu sagen.
Anderes muss ich nicht wissen.

Wichtig ist:
Ich habe dich nicht erfunden.
Du weißt, wo du mich findest.
Glaube ich.

Ich unterliege der Versuchung,
mehr zu wollen,
in Ewigkeiten zu denken,
in dein Licht zu tauchen.
Ich will weg sein – weg von den Fragen.
Nur eins sein. Endlich eins – mit dir.
Deine unbegrenzte Weite spüren.

Ist das Schwäche? Ist das Stärke?
Ich bin, wie ich bin.
Und du, Gott? Bewahre mich.

Krankmeldung

Ist jemand unter euch krank,
der rufe zu sich die Ältesten der Gemeinde,
dass sie über ihm beten und ihn salben mit Öl
in dem Namen des Herrn.

Jakobus 5,14

Alles »würde ich«, »hätte ich«, »könnte ich« und »wäre
ich« – in deine Hand lege ich es.

Deine Hand ist leicht
wie der Frühwind damals über der Wiese hinterm Haus.
Deine Hand ist stark
wie des Schmieds Hand beim Beschlagen der Pferde.
Deine Hand ist ehrlich
wie die Hand, die mir mehr gab, als ich verdiente.

Alle Diagnosen und Prognosen,
all meine Hoffnung, meine Sehnsucht, meine Angst
in deine Hand lege ich sie.

Deine Hand ist zärtlich
wie der Nachtwind zärtlich ist
mit den Liebenden jenseits der festen Straße.
Deine Hand ist offen
wie die Hände des Kindes,
das zum ersten Mal einkaufen geht.
Deine Hand ist mächtig
wie des Priesters Hand bei der Eucharistie.
Deine Hand zittert, Gott,
wie die Hand des Pfarrers beim Segen.

In solche Hände gebe ich mich gerne.
In deine Hände.
Bruder Gott.

Niemand ist austherapiert

Dafür arbeiten und kämpfen wir,
weil wir unsre Hoffnung
auf den lebendigen Gott gesetzt haben,
welcher ist der Heiland aller Menschen,
besonders der Gläubigen.

1. Timotheus 4,10

Nein,
keiner ist verloren,
niemand ist austherapiert.

Ich setze dagegen,
dass du dem Verlorenen nachgehst,
die Abgeschriebenen längst
ins Buch des Lebens geschrieben hast.
Du Gott, schreibst keinen ab.

Dein Herz bebt
ob der Verlassenen,
dein Innerstes zürnt,
wenn Menschen aufgegeben werden.
Auf dich setze ich meine Hoffnung.

Hilf mir,
mich zu wehren.
Hilf mir,
aufzustehen.
Zieh mich ins Leben,
mein Gott.
Und geh sanft mit mir um,
ich bin wund.

Aus dem Elend in heimatliches Land

Und der HERR sprach:
Ich habe das Elend meines Volks in Ägypten gesehen
und ihr Geschrei über ihre Bedränger gehört;
ich habe ihre Leiden erkannt.

2. Mose 3,7

Wer krank ist,
ist im fremden Land.
Fremde kümmern sich,
Fremde machen das Bett.
Fremde bestimmen.

Du, Gott, kennst die Fremde,
das Ausland war Elend
für dein Volk.

Du weißt,
wie elend ich mich fühle.
Du kennst
meine Sehnsucht nach Heimat.
Nach dem Geruch der eigenen Wohnung,
nach den Geräuschen aus dem Haus
und dem Spiel der Nachbarkinder.

Führe mich,
so wie du dein Volk befreit hast.
Leite mich,
so wie du deine Kirche geleitet hast.
Bringe mich heim,
so wie du die Heilige Familie heimgebracht hast.

Du bist meine Heimat in jedem Elend.

Verletzung
und Heilung

Heiliger Gott,
heiliger, starker Gott,
heiliger unsterblicher Gott,
erbarme dich meiner.[4]

D as wörtlin: *gantz gesund* bedeut
geistlich gentze und unverletzung,
welches St. Paul offt braucht.

*(Das Wörtlein »ganz gesund« bedeutet
geistliche Ganzheit und Unversehrtheit,
welches der heilige Paulus oft gebraucht.)*

Martin Luther[5]

Gelücke, heil und sælde und êre –
Glück, Heil, Seligkeit und Ehre –
fügt Walther von der Vogelweide zusammen.

»Heilung« ist mehr als körperliche Gesundung und
nachhaltige Unversehrtheit.
»Heil« ist im Deutschen belegt mit der Bedeutung
»ganz, gesund, unversehrt«,
zu vergleichen mit dem englischen
whole »ganz«,
hale »frisch, ungeschwächt«
und *holy* »heilig, geweiht«.

Das Hebräische hat einen Begriff, der wohl alles, was ein
Mensch zum »Heilsein« braucht, zusammenfasst:
Schalom.
Gottes Schalom ist Frieden, Gerechtigkeit, gute
Ordnung – eben alles an Raum, Zeit und Beziehungen,
worin sich ein Mensch in seiner Würde frei und als
Gottes Ebenbild entfalten kann.

Er hat mich geschlagen

Du bist mein Schutz und mein Schild;
ich hoffe auf dein Wort.

Psalm 119,114

Gott,
wie kommt ein Mensch darauf,
einen anderen Menschen zu schlagen?
Reicht nicht die Verletzung mit Worten?
Reicht nicht die Verachtung des Blicks?

Das reicht.
Das alles ist schon zu viel.

Gott, ich klage dir
meine verwundete Seele.
Gott, ich klage dir
meine blauen Flecken.
Gott ich klage dir
meine zerbrochenen Träume.
Gott ich klage dir
meine Angst.

Ich will nicht wieder
geschlagen werden.

Gib mir den Mut,
zu sagen, was mit mir geschieht.
Gib mir den Mut,
mich zu wehren
und endlich Hilfe zu suchen.
Ich will reden.
Rede du, wenn mir die Worte fehlen.

Missbrauch und Schonung

Ein freches Volk,
das nicht Rücksicht nimmt auf die Alten
und die Jungen nicht schont.

5. Mose 28,50

Vergessen kann ich nicht,
wie könnte ich vergeben?
Entschuldigen kann ich nicht,
wie könnte ich in die Augen schauen.
Leben kann ich nicht,
wie könnte ich aufrecht gehen,
dem Arzt meine Blöße zeigen
und dem Polizisten mein Tagebuch?

Du aber, mein Gott,
willst nichts von mir.
Will ich mich ausruhen,
dann sagst du: Da – ruh dich aus.
Will ich weinen,
dann sagst du: Da – weine.
Will ich reden,
dann sagst du: Da – ich höre.

Es ist gut, dass da einer ist,
der nichts von mir will.
Der nur hört.
Nicht einmal Liebe wollte ich,
nein, das nicht.
Nur sein dürfen ohne Angst und Scham,
in einer Welt,
in der einer den anderen schont.
Ich möchte leben
in Zeiten der Schonung.

Du kannst mich heilen

Ein Samariter aber, der auf der Reise war, kam dahin; und als er ihn sah, jammerte er ihn; und er ging zu ihm, goss Öl und Wein auf seine Wunden und verband sie ihm, hob ihn auf sein Tier und brachte ihn in eine Herberge und pflegte ihn. Am nächsten Tag zog er zwei Silbergroschen heraus, gab sie dem Wirt und sprach: Pflege ihn; und wenn du mehr ausgibst, will ich dir's bezahlen, wenn ich wiederkomme.

Lukas 10,33–25

Mein Gott,
ich bin verletzt.
Ich habe Wunden an Körper und Seele.
Ich gehöre ins Krankenhaus.
Aber da will ich nicht hin.
Ich gehöre auf die Polizeistation.
Aber da will ich nicht hin.
Ich gehöre ins Bett.
Aber da will ich nicht hin.

Ich sehne mich nach Heilung.
Du machst ganz.
Ich sehne mich nach Ruhe.
Du bist der Frieden.
Ich kann nicht mehr.
Du bist die Kraft.

Sei da, wenn ich dich brauche.
Und dann bin ich auch da,
wenn du mich brauchst.

Rette mich

Aus der Tiefe rufe ich, HERR, zu dir.
Herr, höre meine Stimme!
Lass deine Ohren merken
auf die Stimme meines Flehens!

Psalm 130,1.2

Nein!
Bitte nicht ich!
Nicht ich!
Nicht jetzt!

Barmherziger Gott,
ich bin in großer Not.
Ich fürchte um mein Leben.
Ich spüre – durch alle
Beruhigungsmittel und Infusionen hindurch:
Sie vermögen nicht zu helfen.
Wende du die Not.

Du bist der Hilflosen Helfer.
Du bist der Einsamen Trost.
Du bist Schirm und Schutz den Bedrängten.
Du bist der Verfolgten Beistand
und der Strauchelnden Halt.
Du greifst dem Bösen in den Arm
und birgst den Schutzlosen in deiner Güte.

Du bist der Weg, die Wahrheit und das Leben.
Auf dich setze ich meine Hoffnung.
Herr, höre auf mein Gebet.
Wende die Not.
Rette mich.
Du, Gott, rette mich!

Schuld und Vergebung

Lobe den HERRN, meine Seele,
und vergiss nicht, was er dir Gutes getan hat:
der dir alle deine Sünde vergibt
und heilet alle deine Gebrechen.

Psalm 103,2.3

Wenn ich Schülern oder Konfirmanden den Begriff Versöhnung erkläre, wenn ich verdeutlichen will, was das Zentrum christlichen Glaubens ist, dieser »fröhliche Tausch« – sagt Luther – meiner Schuld in Jesu Schuld, meines Todes in seinen Tod, seines Lebens in mein Leben (»Nimm und iss, das ist mein Leib, mein Blut«), dann mache ich das an der griechischen Wortbedeutung des Begriffes Versöhnung klar. *Katalagge:* Stellenwechsel.

Ich sage dann: Stelle dir eine Wippe vor, einer sitzt unten, ein anderer oben, der eine im Dreck, der andere in lichter Höhe. Unten sitzt der Mensch, oben Gott. Und nun legt Gott das entscheidende Pfund drauf, seinen Sohn, zieht den Menschen aus dem Dreck und sitzt nun selbst im Dreck.

Das ist Versöhnung, dass Gott auf seine Kosten uns aus dem Dreck zieht. Seinen Platz verlässt, um zu retten.

Bilder der Versöhnung. Bilder unserer Versöhnung auf seine Kosten. Wenn versöhnt werden soll, dann geht das nicht ohne Teilen, ohne Teilgabe, ohne Abgabe, ohne Zuneigung.

Das deutsche Wort »Versöhnung« kommt nicht von »Sohn«, sodass vielleicht ein Mensch wieder – wie der verlorene Sohn – von seinem Vater aufgenommen wird. Das wäre ja durchaus schön und auch sprachlich denkbar.

»Versöhnung« kommt von »versühnen«; süenen – sühnen – zur Sühne bringen, ausgleichen. Eine Sühne ist eine Ersatzzahlung, eine Ersatzhandlung, durch die etwas aus dem Gleichgewicht Gekommenes wieder ins Gleichgewicht kommt. Der »Richter« sorgt dafür, dass durch Sühne »aus-gerichtet« wird. »Schuldner« und »Gläubiger« leben wieder auf Augenhöhe.

Ich werde beschuldigt

Jesus blieb allein zurück mit der Frau, die noch in der
Mitte stand. Er richtete sich auf und sagte zu ihr:
Frau, wo sind sie geblieben? Hat dich keiner verurteilt?
Sie antwortete: Keiner, Herr.
Da sagte Jesus zu ihr: Auch ich verurteile dich nicht.
Geh und sündige von jetzt an nicht mehr!

Johannes 8,9b–11 (nach der Einheitsübersetzung)

Mein Gott, ich bin durcheinander.
Krame in der Vergangenheit,
habe Angst vor der Zukunft.

Man hat mich beschuldigt.
Vielleicht auch zu Recht.
Ich weiß es doch selbst nicht.
Ich war dabei und doch nicht dabei.
Was kann ich dafür?
Habe ich etwas falsch gemacht?
Sie werden fragen, drängen, suchen …

Immer wieder die Träume,
die Gedanken, das Grübeln:
Was habe ich falsch gemacht?
Bin ich schuldig?
Und wenn sie mich freisprechen,
bin ich dann frei?

Irgendwo dazwischen,
zwischen Schuld und Unschuld,
schenke mir ein paar Menschen Vertrauen,
ein paar Stunden Liebe
und ein paar Tage Verstand.
Da bin ich.
Bloß ein Mensch, der dich braucht.

Ich beichte dir mein Leben

Und Hananias ging hin und kam in das Haus und legte
die Hände auf ihn und sprach: Lieber Bruder Saul, der
Herr hat mich gesandt, Jesus, der dir auf dem Wege hier-
her erschienen ist, dass du wieder sehend und mit dem
Heiligen Geist erfüllt werdest.

Apostelgeschichte 9,17

Gott,
ich beichte dir mein Leben.

Du kennst mich.
Du kennst die kleinen Schwächen,
die großen Fehler,
die schweren Sünden
meines Lebens.

Ich beichte nicht,
um dir zu eröffnen,
was längst für dich offen ist.

Ich beichte nicht,
um ruhiger schlafen
und leichter leben zu können.

Ich beichte dir,
weil ich allein
zu schwach bin,
mich zu ändern.

Du kennst mich.
Du liebst mich.
Befreie mich aus meiner Verstrickung.
Kehre mich um.

Mein Konto, dein Konto

> Gott, du kennst meine Torheit,
> und meine Schuld
> ist dir nicht verborgen.
>
> *Psalm 69,6*

Da ist nichts, was zu beichten bliebe,
Gott. Du weißt.

Da ist nichts, was einer Erklärung bedürfte,
Gott. Du verstehst.

Da ist nichts, was zu beschönigen wäre,
Gott. Du siehst.

Es sei denn, dass ich
deiner Liebe nicht traue
und auf meinen Fehlern bestehe.
Aber auch das geht auf dein Konto.
Sagt mir das Evangelium.
Mein Gott, ich bin durcheinander –
lebe hin- und hergerissen
zwischen Schuld und Rechtfertigung.
Ich lebe auf Kredit.

Zwischen Ehre sei Gott
und
Herr erbarme dich
taumle ich wie Käfer im Gegenlicht
auf der Suche nach Vergebung,
mit dem Wunsch nach Neuanfang
und der Sehnsucht nach Licht.
Kyrie eleison.
Herr, erbarme dich meiner Opfer.
Und nimm deine Augen nicht von mir.

Heimat
und Fremde

Deine Nachkommen haben viel Gutes zu erwarten,
spricht der HERR, denn deine Söhne sollen wieder
in ihre Heimat kommen.

Jeremia 31,17

Die Namen der Orte, die sie aufzählt, sagen mir nichts. Orte in Kasachstan, in Russland. Der Körper lebt in Deutschland, die Emotionen sind 5000 Kilometer ostwärts geblieben. Das mag früher umgekehrt gewesen sein. Jedenfalls hängten sich die Träume an Deutschland, – und die Hoffnung an Gott.

Sie liegt, abgemagert auf knapp vierzig Kilogramm, im Wohnzimmer. Der Mann sitzt am Tisch, mit ihm die Schwägerin. Seit Monaten stirbt sie einen schleichenden Tod, umsorgt vom Mann, dessen Schwester bei der Pflege hilft. Wir bereiten die Feier ihres letzten heiligen Abendmahls wenige Tage später vor. Er – Hände mit Schwielen, abgearbeitet und doch kräftig, zupackend und jetzt so hilflos – erzählt.

Seine Frau ergänzt mit schwacher Stimme.

Sie sind durch die Hölle gegangen.

Die Mächtigen haben den Willen gebrochen, das Rückgrat, zuweilen auch einen Finger oder Arm.

Die Mächtigen haben sie benutzt und missbraucht.

Die Benutzten und Missbrauchten mussten sich fügen, was auch immer das heißen mag für ein junges Ehepaar, das jahrelang auf zweitausend Kilometer zwangsgetrennt lebt.

Er zeigt mir einen schlecht verheilten Bruch am linken Unterarm.

Sie weint, als ich vorsichtig nach Kindern frage.

Nun ist sie Anfang fünfzig und stirbt.

Erschöpft ist sie eingeschlafen. Hände gefaltet um ein abgegriffenes Gesangbuch.

»Darf ich leise ein Lied singen?«, frage ich. Die beiden am Tisch nicken und falten die Hände. Ich singe: »Ich bete an die Macht der Liebe«. Ein leiser, kleiner Choral, an dem sich die Schwägerin beteiligt. Er sitzt, schweigt, schaut zu seiner Frau. Sie schläft jetzt ruhiger.

Im Flur, beim Abschied, nimmt die Schwägerin meine Hand in ihre beiden Hände und sagt: »Alles haben sie uns genommen. Nur das konnten sie uns nicht nehmen.«

»Sie meinen, den Glauben?«

»Ich meine die Lieder.«

Ich spreche anders

Brich dem Hungrigen dein Brot,
und die im Elend ohne Obdach sind,
führe ins Haus!
Wenn du einen nackt siehst, so kleide ihn,
und entzieh dich nicht deinem Fleisch und Blut!

Jesaja 58,7

Gott,
ich stehe am Rand.
Sie schauen zu mir herüber.

Ich weiß nicht,
wann man aufsteht im Gottesdienst.
Ich kenne nur die ersten Zeilen
des Glaubensbekenntnisses.
Die Lieder sind mir fremd,
die Psalmen finde ich nicht
im Gesangbuch.

Ich habe mich an den Rand gesetzt.
Alle Fluchtwege sind offen.
Noch lege ich den Mantel nicht ab.
Ich habe kein eigenes Gesangbuch.

Sie sprechen nicht meine Sprache.
Ich bin hier fremd.
Auf der Suche
nach einer Herberge.

Ich bin hier fremd.
Und doch
ist da eine Ahnung
von Heimat.

Ich bin kein Fremder mehr

So seid ihr nun nicht mehr Gäste und Fremdlinge,
sondern Mitbürger der Heiligen und Gottes Hausgenossen,
erbaut auf den Grund der Apostel und Propheten,
da Jesus Christus der Eckstein ist.

Epheser 2,19.20

Jeder Mensch braucht eine Heimat.
Jeder Mensch braucht Mitmenschen.
Gott, du weißt das.

Nun lebe ich schon seit Monaten hier.
Niemand hat seither meine Wohnung betreten,
nur der Vermieter,
der Installateur
und jemand von der Telekom,
um den Telefonanschluss neu zu legen.
Das war's an Mitmenschen.

Ich rede mit Nachrichtensprechern
und Moderatorinnen.
Ich höre Stimmen, die mich nicht meinen,
sehe Augen, die mich nicht sehen.
Ich bin neu hier
und bin fremd geblieben.

Schenke mir die Nähe eines Menschen,
der mich meint
und nicht nur
den Eintrag in seinem Terminkalender.

Mein Leben ist kostbar

Siehe, Gott steht mir bei,
der Herr erhält mein Leben.

Psalm 54,6

Gott,
wenn ich könnte,
würde ich nicht mehr hingehen.

Aber das gehört zum guten Ton,
sagen sie.
Respekt vor der Familie.
Respekt vor dem und jenem.

Doch wenn ich dort bin,
hat niemand ein echtes Wort.
Nur oberflächliches Gerede.
Ich bin nur der Vollständigkeit halber
dabei.

Gib mir den Mut,
Nein
zu sagen.

Ich will niemanden verletzen,
aber sie sollen wissen,
dass wir uns fremd geworden sind.

Hilf mir, mein Leben zu leben,
nicht rücksichtslos, aber ehrlich.

Mein Leben ist einmalig, kostbar,
ein großes Geschenk,
für das ich dir danke.

Er wird leicht übersehen

Es begab sich aber, als er in die Nähe von Jericho kam,
dass ein Blinder am Wege saß und bettelte. Als er aber die
Menge hörte, die vorbeiging, forschte er, was das wäre.
Da berichteten sie ihm, Jesus von Nazareth gehe vorbei.
Und er rief: Jesus, du Sohn Davids, erbarme dich meiner!
Die aber vornean gingen, fuhren ihn an, er solle schwei-
gen. Jesus aber blieb stehen und ließ ihn zu sich führen.
Als er aber näher kam, fragte er ihn: Was willst du, dass
ich für dich tun soll? Er sprach: Herr, dass ich sehen kann.
Und Jesus sprach zu ihm: Sei sehend! Dein Glaube hat dir
geholfen.

Lukas 18,35–42

Da bin ich,
Gott,
einer ohne Versicherung,
einer ohne Familie,
einer ohne Einkommen,
einer ohne Beruf,
einer ohne Anschrift.

Da bin ich,
Gott,
manchmal komme ich zur Tafel,
aber das ist nicht so einfach.
Manchmal gehe ich in ihre Suppenküche,
komische Gesellschaft.

Ich habe alles hinter mir gelassen,
war auch gut so.
Aber wenn ich
die Glocken höre,
falte ich meine Hände.
Meist jedenfalls.
Du verstehst.

In Frieden beieinanderbleiben – oder auseinandergehen

Zerreißen hat seine Zeit,
zunähen hat seine Zeit;
schweigen hat seine Zeit,
reden hat seine Zeit;
lieben hat seine Zeit,
hassen hat seine Zeit;
Streit hat seine Zeit,
Friede hat seine Zeit.

Prediger 3,7.8

Gott,
Wunden heilen so schwer.
Was kann ich erwarten?

Jede Erwartung
ist geprägt von Erinnerung.
Jede Hoffnung
ist gefährdet durch alte Wunden.
Enttäuschungen
stellen alles Neue in Zweifel.

Du bist geübt
im Wunden-Heilen.
Hilf mir.
Hilf uns.

Dass wir wieder zueinanderfinden
oder in Frieden ganz auseinandergehen.
Mit deinem Segen.

Einsamkeit
und Gemeinschaft

Der Mensch ohne den Mitmenschen
ist nicht der Mensch,
sondern das Gespenst des Menschen.

Karl Barth

Du sollst den HERRN, deinen Gott,
liebhaben von ganzem Herzen,
von ganzer Seele
und mit all deiner Kraft.

5. Mose 6,5

Du sollst deinen Nächsten
lieben
wie dich selbst.

3. Mose 19,18

Unser Leben ist nichts anderes als ein Weg zur Vervoll-
kommnung, die aus der Beziehung zu Gott und zum
Nächsten Gestalt gewinnt.

Nimmt man Gott als den Mittelpunkt eines Kreises,
so führt unser Weg zu Gott durch die Halbmesser, und in
dem Maße, wie alle Vorwärtsstrebenden dem Mittelpunkt, also Gott, näher kommen, nähern sie sich in
gleicher Weise auch einander, und in dem Maße, wie sie
einander sich nähern, kommen sie wiederum auch Gott
näher, und eins fördert das andere.

Die Liebe zu Gott ist durch die Liebe zum Nächsten
bedingt und umgekehrt.

Abt Dorotheus (6. Jahrhundert)[6]

Ich brauche einen Menschen,
der mich in die Arme nimmt

Und der Hund, den sie mitgenommen hatten, lief voraus
und kam als Bote, wedelte mit dem Schwanz, sprang hoch
und zeigte seine Freude. Da stand sein blinder Vater auf
und stieß sich vor lauter Eile; darum rief er einen Knecht,
der ihn bei der Hand führte, und lief seinem Sohn entge-
gen. Er schloss ihn in die Arme und küsste ihn, ebenso
auch seine Mutter, und beide weinten vor Freude.

Tobit 11,6

Ich bin stark.
Habe ich mir immer gesagt.
Ich stecke das weg.
Alles braucht seine Zeit.
Gott, du kennst die Sprüche,
mit denen man sich selbst Mut macht.
Kalenderblätter mit
aufmunternden Worten,
Bücher mit guten Gedanken.

Allein, wenn ich mir diese guten Sätze
immer selber sage,
bringt mich das keinen Schritt weiter.
Ich bin stark. Habe ich mir immer gesagt.
Aber jetzt reicht das nicht mehr.

Sie grenzen mich aus.
Ich brauche einen Menschen,
der mich umarmt.
Sie sind nicht unfreundlich.
Sie tun das Nötige.
Aber das reicht mir nicht zum Leben.

Ich möchte geliebt werden.
ICH – MÖCHTE – GELIEBT – WERDEN.

Nicht ausgelacht, sondern angelacht

Ich bin ihnen
zum Spott geworden;
wenn sie mich sehen,
schütteln sie den Kopf.

Psalm 19,25

Das ist doch nicht
zu viel verlangt.
Ein Lächeln vielleicht oder zwei.
Ein Blick vielleicht oder zwei.
Eine Hand, die bleibt –
oder zwei.

Ich möchte nicht ausgelacht werden.
Unter deinem Kreuz standen Spötter,
lachten über dein königliches Gewand,
die Dornenkrone und dein Elend.

Du verstehst mich doch,
Jesus Christus.
Auch dich haben sie ausgelacht.
Ich möchte nur dazugehören,
dabei sein, wenn sie fröhlich sind.
Nicht auf Kosten anderer.
Einfach, weil das Leben schön ist.

Ich möchte nicht,
dass sie über mich lachen.
Ich möchte,
dass sie sich mit mir freuen.

Ich bin enttäuscht

Lass dich nicht treiben von jedem Wind, und folge nicht jedem Weg wie die doppelzüngigen Sünder,
sondern bleibe fest bei dem, was du erkannt hast,
und rede nicht bald so, bald anders.
Sei schnell bereit zum Hören
und lass dir Zeit, freundlich zu antworten.
Verstehst du etwas von der Sache, so erkläre es deinem
Nächsten, wenn nicht, so halt deinen Mund.

Jesus Sirach 5,11–14

Einiges gelingt ja.
Ich will gar nicht sagen,
alles sei schlecht.
Aber das Wesentliche,
Gott,
das Wesentliche scheitert.
Ich renne gegen Mauern.
Ich laufe auf Sand.
Ich bin enttäuscht.
Alles Mühen und Arbeiten
ist vergebens.
Ich komme zu spät,
freue mich zu früh,
lasse mich täuschen –
irgendwas mache ich immer falsch.

Umsonst sei der Tod,
sagt man.
Bei dir
suche ich Leben,
Gott.

Halte mich im Leben

Der HERR ist mein Licht und mein Heil;
vor wem sollte ich mich fürchten?
Der HERR ist meines Lebens Kraft;
vor wem sollte mir grauen?

Psalm 27,1

Aus mir ist
der letzte Rest
Eigenleben weg.

Ich bin
ausgelaufen wie
eine Milchtüte,
die leckt.

Ich bin verbraucht
wie eine leere Batterie,
die man entsorgt.

Ich bin verlassen.
Kein Protest mehr,
keine Schreie.
Nur Leere.

Gott, heile mich.
Bewahre mich vor
meinen eigenen dunklen Gedanken.
Lass mich nicht aus den Augen.
Halte mich
im Leben.

Gedemütigt – aufgerichtet

> Der Gott aller Gnade aber, der euch berufen hat
> zu seiner ewigen Herrlichkeit in Christus Jesus,
> der wird euch, die ihr eine kleine Zeit leidet,
> aufrichten, stärken, kräftigen, gründen.
>
> *1. Petrus 5,10*

Jesus Christus,
du hast Elende aufgerichtet,
Verwundete versorgt,
Kranke geheilt.

Dem Lahmen hast du gesagt:
Nimm dein Bett, geh' aufrecht.
Dem Blinden hast du gesagt:
Dir geschehe, wie du glaubst.

Du wirst auch mich aufrichten.

Ich bin gedemütigt worden.
Mein Lebensmut hat mich verlassen.
Manchmal verachte ich mich selbst.

Du aber bist mein Bruder, Gott,
der sich noch tiefer bückt,
damit ich aufrecht gehen kann.

Mit deiner Hilfe
kann ich neuer Demütigung trotzen
und leben.

Nach der Ehescheidung – ein neuer Weg

Und der Engel des HERRN kam zu Elia,
rührte ihn an und sprach:
Steh auf und iss!
Denn du hast
einen weiten Weg
vor dir.

1. Könige 19,7

Er hatte ja am Ende noch
ein freundliches Wort:
»Ich wünsche Ihnen alles Gute
auf den nun getrennten Wegen.«
Das hatte ich von einem Richter
nicht erwartet.

Getrennte Wege.
Wege allein.
Ich muss lernen,
dass Wesentliches vor mir liegt,
wenn auch Wesentliches hinter mir liegt.

Mein Gott,
hilf mir auf den neuen Wegen.
Ich bin unsicher.
Stärke mich bei den ersten und zweiten Schritten,
ich bin verwundet.

Vergessen kann ich nicht.
Aber das Vergangene soll
meine Zukunft nicht bestimmen.

Nimm mir die Zweifel
und schenke mir Freude am Leben.

Nicht aufgeben

> Welchen Nutzen hätte der Mensch, wenn er
> die ganze Welt gewönne und verlöre sich selbst
> oder nähme Schaden an sich selbst?
>
> *Lukas 9,25*

Du kennst die Finsternis
aus eigener Erfahrung, Gott.
Dunkel ist dir nicht fremd.
Böses ist dir nicht unbekannt,
Entsetzen ist dein täglich Brot.

Um mich legt sich die Nacht,
Mantel um Mantel,
Schale um Schale,
Fessel um Fessel.
Ich komme nicht mehr frei.
Nicht aus eigenen Stücken.
Nicht mit eigenem Willen.
Ich kann nicht mehr.
Beim besten Willen nicht.
Ich habe mich verrannt.
Ich gebe mich geschlagen.
Da ist kein Strohhalm mehr,
keiner, der sich an meine Wunden traut.

Da ist nur einer.
Wenn überhaupt.

Du, Gott:
Da bin ich.
Gib mich nicht auf!

Ohne ein Wort – Streit überwinden

Wer Streit anfängt,
gleicht dem,
der dem Wasser
den Damm aufreißt.
Lass ab vom Streit,
ehe er losbricht!

Sprüche 17,1

O Herr, mach mich zu einem Werkzeug deines Friedens,
dass ich Liebe übe, wo man sich hasst,
dass ich verzeihe, wo man sich beleidigt,
dass ich verbinde, da, wo Streit ist,
dass ich die Wahrheit sage, wo der Irrtum herrscht,
dass ich den Glauben bringe, wo der Zweifel drückt,
dass ich die Hoffnung wecke, wo Verzweiflung quält,
dass ich ein Licht anzünde, wo die Finsternis regiert,
dass ich Freude mache, wo der Kummer wohnt.

Herr, lass du mich trachten:
nicht, dass ich getröstet werde,
sondern dass ich andere tröste;
nicht, dass ich verstanden werde,
sondern dass ich andere verstehe;
nicht, dass ich geliebt werde,
sondern dass ich andere liebe.

Denn wer da hingibt, der empfängt;
wer sich selbst vergisst, der findet;
wer verzeiht, dem wird verziehen;
und wer stirbt, erwacht zum ewigen Leben.[7]

Schwermut und Glück

Denn bei dir ist die Quelle des Lebens,
und in deinem Lichte sehen wir das Licht.

Psalm 36,10

In jeder Nacht, die mich bedroht,
ist immer noch ein Stern erschienen,
und fordert es, Herr, dein Gebot,
so naht dein Engel, mir zu dienen.
In welchen Nöten ich mich fand,
du hast dein starkes Wort gesandt.

Hat banger Zweifel mich gequält,
hast du die Wahrheit nie entzogen.
Dein großes Herz hat nicht gezählt,
wie oft ich mich und dich betrogen.
Du wusstest ja, was mir gebricht.
Dein Wort bestand: Es werde Licht.

Hat schwere Sorge mich bedrängt,
ward deine Treue mir verheißen.
Den Strauchelnden hast du gelenkt
und wirst ihn stets vom Abgrund reißen.
Wann immer ich den Weg nicht sah:
dein Wort wies ihn. Das Ziel war nah.

In jeder Nacht, die mich umfängt,
darf ich in deine Arme fallen,
und du, der nichts als Liebe denkt,
wächst über mir, wächst über allen.
Du birgst mich in der Finsternis.
Dein Wort bleibt noch im Tod gewiss.[8]

Jochen Klepper (1903–1942), Journalist und Schriftsteller

Wege aus der Depression

> Meine Seele ist sehr erschrocken.
> Ach du, HERR, wie lange!
> Wende dich, HERR, und errette mich,
> hilf mir um deiner Güte willen!
>
> *Psalm 6,4.5*

Was soll ich sagen,
Gott?
Alles ist gesagt
und geklagt.

Die Ärzte sorgen,
die Medikamente lindern,
aber ich wollte gerne leben.
So wie die anderen.

Mein Gott,
hilf mir.
Stärke mein Weniges,
wiege meine wunde Seele,
öffne mir die Augen,
hab mich lieb.

Was ich mitgebracht habe

Nimm,
was ich mitgebracht habe,
Glück und Leid,
Freude und Kummer,
an dein Herz,
Gott.

Dann heilen beide,
Glück und Trauer.

Und aus beidem
wächst ein Lob
aus deinem Himmel
und nährt
die schwache Hoffnung,
das kleine Licht,
mich.
Dein schwaches Kind.

P.S: Das sag ich nur dir.
Ansonsten spiele ich »die Starke«.

Alles oder nichts

Und ob ich schon wanderte im finstern Tal,
fürchte ich kein Unglück;
denn du bist bei mir,
dein Stecken und Stab trösten mich.

Psalm 23,4

Willst du alles genießen,
dann suche in nichts den Genuss.
Willst du alles besitzen,
dann nenne nichts dein Eigen.
Willst du groß werden,
dann suche, nichts zu sein.
Willst du alles wissen,
dann suche, in nichts etwas zu wissen.
Willst du zu dem kommen, wonach du dich sehnst,
dann geh dorthin, wo du keinen Genuss findest.
Willst du erfahren, was du nicht weißt,
dann geh dorthin, wo du unwissend bist.
Willst du erlangen, was du nicht besitzt,
dann geh dorthin, wo dir alles fehlt.
Willst du werden, was du nicht bist,
dann geh dorthin, wo du nichts bist.

Johannes vom Kreuz (1542–1591), spanischer Karmelitermönch,
Theologe und Mystiker

Sei zufrieden, meine Seele

> Sei nun wieder zufrieden, meine Seele;
> denn der HERR tut dir Gutes.
>
> *Psalm 116,7*

Geh deinen Weg ohne Eile und Hast, und suche den Frieden in dir selbst zu finden.

Und wenn es möglich ist, versuche den anderen zu verstehen. Sage ihm die Wahrheit, ruhig und besonnen. Und höre ihm zu, auch wenn er gleichgültig und unwissend ist, denn auch er hat seine Geschichte. Egal, ob er noch jung und aggressiv oder ob er alt und müde ist. Wenn du dich mit all den anderen vergleichst, wirst du feststellen: Du lebst unter Menschen, die entweder größer oder kleiner, besser oder schlechter sind als du selbst.

Sei stolz auf deinen Erfolg und denke auch an deine Karriere, aber bleibe bescheiden, denn das Schicksal kann sich jederzeit wenden. Sei vorsichtig in deinen Geschäften, denn die Welt ist voller List und Tücke. Aber lass dich trotz allem nicht von deinem Weg ablenken.

Viele Leute reden von hohen Idealen, und überall wird Heldenmut angepriesen. Bleibe du selber und heuchle nicht Mitgefühl. Steh der Liebe nicht zynisch gegenüber, denn sie ist das Einzige, was wahr und unvergänglich ist.

Sei dankbar für jedes Jahr, das du erleben darfst, auch wenn mit jedem Tag ein Stück deiner Jugend entschwindet. Bereite dich auf den Augenblick vor, in dem etwas Unvorhergesehenes in dein Leben tritt. Aber zerstöre dich selbst nicht aus Angst vor der Einsamkeit. Sei immer so, dass du vor dir selbst bestehen kannst.

Du bist ein Kind des Universums. Du hast ein Recht, auf der Erde zu sein, nicht weniger als die Blume, die blüht, und wie ein Stern in der Nacht. Doch auf dieser

Welt lebst du nicht allein. Hast du schon einmal darüber nachgedacht?

Darum schließe Frieden mit Gott, wo immer du ihm auch begegnest, ganz gleich, was das Leben dir an Schwierigkeiten auferlegt. Lass nicht durch Lug und Trug deine Ideale zerbrechen. Die Welt ist immer noch schön. Versuche, auf ihr zu leben und glücklich zu werden.[9]

Nicht verhärten

Liebes Kind,
lass den Armen nicht Not leiden,
und sei nicht hart
gegen den Bedürftigen.

Jesus Sirach 4,1

Mein Gott,
alles ist mir bitter geworden.
Ich kenne mich selbst nicht mehr.
In klaren Zeiten spüre ich,
wie ungerecht ich bin,
forsch und hart.

Du bist das Leben.
Du bist Zärtlichkeit und Liebe.
Du bist Fröhlichkeit und Glück.

Irgendetwas habe ich verloren.
Hilf mir, zu finden.

Ich bin hart geworden,
weiche mich auf.

Schenke mir bei aller Offenheit
die Sanftmut einer jungen Mutter
und bei aller Klage
die Milde eines weisen Vaters.

Arbeitslosigkeit und Arbeit

Du wirst dich nähren von deiner Hände Arbeit;
wohl dir, du hast's gut.

Psalm 128,2

Dass meine Arbeit nicht zum Fluch wird,
sondern zum Segen,
darum bitte ich dich,
Gott des Segens.

Dass mich meine Arbeit erfüllt
und nicht entfremdet,
darum bitte ich dich,
Gott der Barmherzigkeit.

Dass meine Arbeit Nahen oder Fernen nützt
und niemandem schadet,
darum bitte ich dich,
Gott der Liebe.

Dass meine Arbeit deine Schöpfung preist
und die Wunder des Lebens nicht verhöhnt,
darum bitte ich dich,
Gott des Friedens.

Dass meine Arbeit gerecht entlohnt wird
und jeder Mensch sein Auskommen hat,
darum bitte ich dich,
Gott der Gerechtigkeit.

Dass du mir Gedanken und Worte,
Hand und Fuß,
Lebenskraft und Einfallsreichtum schenkst,
dafür danke ich dir.

Sie schaltet ab

> Schmecket und sehet, wie freundlich der HERR ist.
> Wohl dem, der auf ihn trauet!
>
> *Psalm 34,9*

Du Gott,
Sprüche sind mir zuwider,
ich kenne sie zur Genüge.

Ich stehe morgens Schlange.
Die meisten sprechen kein Wort.
Sie ziehen eine Nummer.
Sie warten wie ich,
viele seit Wochen und Monaten.

Sie sind ohne Arbeit.
Sie reden nicht darüber.
Sie klagen nicht ihre Not.
Sie sind müde geworden.
Sie zweifeln an sich selbst.
Wie ich.

Ich stehe morgens Schlange.
Nummer 19 an diesem Morgen.
Wir stehen Schlange.
Und es wird immer anonymer und leiser.

Ich möchte arbeiten.
Essen, Dach über dem Kopf, eine Reise,
und den Landheimaufenthalt der Tochter
möchte ich vom eigenen Geld bezahlen können.
Ist das zu viel verlangt, Gott,
für den, der schmecken und sehen will,
wie freundlich du bist?

Sie haben mich entlassen

Ihr seid das Salz der Erde.
Wenn nun das Salz nicht mehr salzt,
womit soll man salzen?

Matthäus 5,13

Ich achte mich nicht zu hoch.
Aber ich bin stolz auf das,
was ich geschafft habe.

Ich bin nicht der Beste.
Aber ich habe immer dazugelernt
und getan, was ich konnte.

Nun passe ich nicht mehr
in ihr Konzept.

Mein Gott.
Die Agenturen haben keinen Einfall.
Die Sachbearbeiter raten zur Geduld.

Hast du noch einen Platz für mich
in deinen Plänen?

Dann offenbare dich!
Du bist doch der Elenden Hilfe,
der Verlorenen Heimat
und der Verachteten Würde!

Mobbing in der Muttersprache

Die nach Bösem trachten,
werden in die Irre gehen;
die aber auf Gutes bedacht sind,
werden Güte und Treue erfahren.

Sprüche 14,22

Es ist genug, Gott.
Sie haben immer wieder
Neues erfunden.
Hinter meinem Rücken
reden sie
und haben nichts Gutes im Sinn.
Sie schwärzen mich an,
und ich habe keine Möglichkeit,
mich zu wehren.

Gibt es das Wort »Mobbing«
in meiner Muttersprache?
Ist es eine Erfindung des Marktes
oder der Bosheit des Menschen?

Nimm das Böse aus ihrem Herzen.
Nimm das Lästern aus ihrem Mund.
Nimm den Hass aus ihrer Seele.
Nimm mich in Schutz.

Schlaflosigkeit und Ruhe

Meine Seele ist stille zu Gott, der mir hilft.
Denn er ist mein Fels, meine Hilfe, mein Schutz,
dass ich gewiss nicht fallen werde.

Psalm 62,2.3

Kommt her zu mir, alle, die ihr mühselig und beladen seid; ich will euch erquicken. Nehmt auf euch mein Joch und lernt von mir; denn ich bin sanftmütig und von Herzen demütig; so werdet ihr Ruhe finden für eure Seelen.

Matthäus 11,28.29

Bleibe bei uns, Herr,
denn es will Abend werden,
und der Tag hat sich geneigt.

Bleibe bei uns und bei allen Menschen.
Bleibe bei uns am Abend des Tages,
am Abend des Lebens, am Abend der Welt.

Bleibe bei uns mit deiner Gnade und Güte,
mit deinem Wort und Sakrament,
mit deinem Trost und Segen.

Bleibe bei uns, wenn über uns kommt
die Nacht der Trübsal und Angst,
die Nacht des Zweifels und der Anfechtung,
die Nacht des bitteren Todes.
Bleibe bei uns und bei allen deinen Kindern
in Zeit und Ewigkeit.

Kirchengebet

Er sagt, ich sei gereizt

Besser eine Hand voll mit Ruhe
als beide Fäuste voll mit Mühe
und Haschen nach Wind.

Prediger 4,6

Schenke mir Gesundheit des Leibes
mit dem nötigen Sinn dafür,
ihn möglichst gut zu erhalten.
Schenke mir eine heilige Seele, Herr,
die im Auge behält, was gut und rein ist,
damit sie sich nicht einschüchtern lässt vom Bösen,
sondern Mittel findet,
die Dinge in Ordnung zu bringen.
Schenke mir eine Seele,
der die Langeweile fremd ist,
die kein Murren kennt
und kein Seufzen und Klagen,
und lasse nicht zu,
dass ich mir allzu viel Sorgen mache
um dieses sich breitmachende Etwas,
das sich »Ich« nennt.
Herr, schenke mir Sinn für Humor.
Gib mir die Gnade,
einen Scherz zu verstehen,
damit ich ein wenig Glück kenne im Leben
und anderen davon mitteile.

*Thomas Morus (1478–1535), englischer Politiker und katholischer
Humanist, im Alter von 57 Jahren hingerichtet*

Kommen und Gehen – es ist deine Zeit

Der HERR behütet dich;
der HERR ist dein Schatten über deiner rechten Hand,
dass dich des Tages die Sonne nicht steche
noch der Mond des Nachts.
Der HERR behüte dich vor allem Übel,
er behüte deine Seele.
Der HERR behüte deinen Ausgang und Eingang
von nun an bis in Ewigkeit!

Psalm 121,5–8

Gott,
du siehst meine Unruhe.
Du kennst meine Gedanken.
Du weißt, was war.
Du weißt, was wird.

Mach es gut mit mir.
Mach es gut mit meiner Ehe.
Mach es gut mit meinem Beruf.
Mach es gut mit den Kindern und Enkeln.
Mach es gut mit meiner Gesundheit.
Mach es gut mit meinem Leben.

Ich finde jetzt keine großen Worte.
Aber du verstehst.
Du sprichst alle Sprachen.
Du verstehst, was ich meine.
Ich möchte mich erholen vom Tag.
Mein Leben ist in deiner guten Hand.
Mach es gut, Gott.[10]

Ich möchte Ruhe finden

Ich richtete mein Herz darauf, zu erkennen die Weisheit und
zu schauen die Mühe, die auf Erden geschieht, dass einer
weder Tag noch Nacht Schlaf bekommt in seine Augen.

Prediger 8,16

Treuer Gott,
es wird Abend.
Ein Tag kommt an sein Ende.
Ich brauche Zeit. Möchte verstehen, was war.

Da waren Eindrücke, Begegnungen.
So vieles ist gelungen.
Manches ist noch offen. Einiges war falsch.
Ich möchte noch nicht an morgen denken.
Auch da wartet vieles, was nicht erledigt ist.

Ich möchte zur Ruhe kommen.
Das eine dankbar weglegen können.
Es war gut, wie es war.
Dem anderen noch eine Zeit schenken,
eine Nacht, dieses Gebet
und mein Vertrauen,
dass morgen ein Weg sein wird.

Löse mich vom Tag.
Es wird Abend.
Löse mich von der Sorge.
Du meinst es gut.
Löse mich von meinen Plänen.
Du hast einen Weg mit mir.
Löse mich von jeder Bindung,
die mir das Leben schwer macht.
Löse mich. Du bist mein Halt.

Tag und Nacht – Nacht und Tag

Sollte Gott nicht auch Recht schaffen
seinen Auserwählten,
die zu ihm Tag und Nacht rufen,
und sollte er's bei ihnen lange hinziehen?

Lukas 18,7

Treuer Gott,
es wird Abend, Auszeit.
Das Ende des Tages ist ein Geschenk.
Ich lege die Hände in den Schoß.
Gott, du hast mich frei gestellt.
Meine Sorgen fallen in dein Netz,
meine Seele ruht in Abrahams Schoß
und mein Herz spürt den Segen.

Du hast mich
auf die Seite genommen.
Hast mir ins Ohr gesagt,
ans Herz gelegt:
Nun lass es gut sein.
Schön, dass mir das jemand sagt.

Ich lasse es gut sein.
Vieles ist offen.
Für heute lege ich die Hände in den Schoß.
Vor dir muss ich mich nicht fürchten
und nicht schämen.

Hüte du das Offene,
birg du das Verletzliche.

Du hast mich auf die Seite genommen.
Du hast mich frei gestellt.
Ich nehme die Stille dankbar an.

Ich bin so unruhig

Was betrübst du dich,
meine Seele,
und bist so unruhig in mir?
Harre auf Gott;
denn ich werde ihm noch danken,
dass er meines Angesichts Hilfe
und mein Gott ist.

Psalm 42,6

Die Mutter hat mir ein Lied gesungen,
damals, als ich Kind war –
und alles war gut.

Sing mir ein Lied, Gott.
Nimm meine erschrockene Seele in Pflege.
Meinem Glauben schenke Leichtigkeit,
meiner Suche Gemeinschaft.

Die Mutter hat ein Lied gesungen, damals.
Nimm mich in die Arme, Bruder Gott.
Lass das Licht noch ein wenig an,
wenn die Zweifel kommen.

Und sing mir ein Lied, Gott.
Mir hat noch keiner ein Lied gesungen.
Jedenfalls keines, das sich auf »Leben« reimt.

Die anderen haben keine Lieder,
die mich trösten.
Sing mir ein Lied, Gott.
Eines, das sich auf Liebe reimt,
oder auf Heimat, auf Ruhe – oder auf Segen.

Schwächen und Stärken

Darum bin ich guten Mutes in Schwachheit,
in Misshandlungen, in Nöten, in Verfolgungen
und Ängsten um Christi willen;
denn wenn ich schwach bin, so bin ich stark.

2. Korinther 12,10

Er ist ein ausgezeichneter Lehrer.
Ich habe ihn kennengelernt
während einer Auszeit im Kloster.
Dort unterrichtet er gelegentlich Tai-Chi.
Aber was er unterrichtet, ist viel mehr:
Es ist Lebenskunde, Philosophie,
Religion, Körperkunde –
und das mit einer Freundlichkeit,
die ihresgleichen sucht,
und mit einer – zumindest für mich –
verblüffenden Überzeugungskraft.

Mit einfachsten Hilfsmitteln
– Stock, Stein, kleines Kissen –,
verbunden mit unzähligen Anekdoten,
die »Weitgereiste« im Doppelsinn des Wortes
immer zu erzählen wissen,
unterrichtet er eigentlich nur eines:
weich werden in der Leiste.

Das hört sich eigenartig an, ist aber
verblüffend überzeugend in der Sache.
Es heißt nämlich:
Er gibt an einer vermeintlich starken Stelle nach,
verlagert alle Konzentration auf den inneren Halt,
konzentriert sich auf den Stand –
und ist so nicht mehr umzustoßen.

Nie habe ich so deutlich erlebt, wie scheinbare
Schwäche in eine Kraft übergeht, die selbst einen
scheinbar Starken scheitern lässt.
Schwäche oder Stärke entscheidet sich nicht an der
Masse der Muskeln, sondern der Konzentration der
Sinne – und an der richtigen Haltung.

Gib nach, und du bist stärker.

Sie kennen meine Schwächen

> Und obwohl meine leibliche Schwäche
> euch ein Anstoß war,
> habt ihr mich nicht verachtet
> oder vor mir ausgespuckt,
> sondern wie einen Engel Gottes
> nahmt ihr mich auf,
> ja wie Christus Jesus.
>
> *Galater 4,14*

Sie kennen meine Schwächen.
Sie stellen mir den Stuhl zurecht,
schneiden mir das Fleisch klein,
tragen meine Tasche
und gehen mit mir zum Amt.

Sie sagen, sie seien Christen.
Ich habe oft gezweifelt.
Zu wenige, die tun, was sie sagen.
Zu viele, die ihre Vorurteile pflegen.

Schön, dass es sie gibt.
Sie kennen meine Schwächen.
Ich bin dankbar für ihre Stärken.

Ich bin kein Nichts mehr,
keine Nummer, kein Aktenzeichen.
Ich bin einer von ihnen.

Nun gib auch denen, die suchen,
Menschen,
die nicht in Bescheide schauen,
sondern ins Herz.

Ich bin hilflos

Und siehe, einige Männer brachten einen Menschen auf
einem Bett; der war gelähmt. Und sie versuchten, ihn
hineinzubringen und vor ihn zu legen. Und weil sie wegen
der Menge keinen Zugang fanden, ihn hineinzubringen,
stiegen sie auf das Dach und ließen ihn durch die Ziegel
hinunter mit dem Bett mitten unter sie vor Jesus.
Und als er ihren Glauben sah, sprach er:
Mensch, deine Sünden sind dir vergeben.

Lukas 5,18–20

Die Seele Christi heilige mich,
der Leichnam Christi speise mich,
das Blut Christi tränke mich,
das Wasser, das aus seiner Seite floss, wasche mich,
sein bitter Leiden und Sterben stärke mich.

O lieber Herr Jesu, erhöre mich!
In deine heiligen Wunden verbirg mich!
Lass mich nimmermehr von dir geschieden werden!
Vor dem bösen Feind bewahre mich!

In meiner letzten Stunde rufe mich,
dass ich möge kommen zu dir
und mit allen Auserwählten dich loben
und preisen ewiglich![11]

Anonym, 14. Jahrhundert, nach einer englischen Handschrift

Eine normale körperliche Schwäche

> Verwirf mich nicht in meinem Alter,
> verlass mich nicht, wenn ich schwach werde.
>
> *Psalm 97,1*

Du spürst, Gott,
ich werde schwächer.
Meine Kraft schwindet.
Meine Konzentration lässt nach.
Ich spüre die Schwäche am eigenen Leib.
Nun komme ich zu dir, Gott.
Ich bitte um neue Kraft,
um Geduld mit der eigenen Schwäche,
um Menschen, die mit mir auskommen,
um Freundlichkeit, die nicht berechnet.

Ich werde schwächer.
Ich werde älter.
Ich kann manches nicht mehr.
Ich stehe manchmal im Weg.
Manchen bin ich eine Last,
anderen ein Hindernis.
Du aber lässt die Gebeugten hochleben.
Du feierst die Schwachen
und gibst Halt den Strauchelnden.

Meine Kraft ist weg.
Du bist da. Du, meine Kraft.
Und morgen
werde ich leben.
Dank deiner Kraft.
Denn du bist
in den Schwachen
mächtig.

Ohnmächtig, und doch mächtig

Wenn ich sehe die Himmel, deiner Finger Werk,
den Mond und die Sterne, die du bereitet hast:
was ist der Mensch, dass du seiner gedenkst,
und des Menschen Kind, dass du dich seiner annimmst?
Du hast ihn wenig niedriger gemacht als Gott,
mit Ehre und Herrlichkeit hast du ihn gekrönt.

Psalm 8,4–6

Mein Gott, dir alles, was mich freut.
Dir alles, was auf mir lastet.
Dir alles, was geht,
und alles, was nicht mehr geht.
Dir alle meine Lieder
und alle meine Tränen.
Dir meine Schwermut
und die Leichtigkeit inmitten der Freunde.

Mein Gott, dir alles, was ich noch könnte,
und alles, was mir nicht mehr gelingen wird.
Dir alles, was meine Schwäche offenbart,
und alles, was ich noch kann.
Dir alles in Dur und Moll,
alles im Herbstgrau und im Fliederfrühling.

Mein Gott, dir meine Lieben
und alle die, die mir fremd geblieben sind.
Dir Schuld und Haben,
das Staunen und die Rätsel.
Dir mein Können und mein Unvermögen,
Macht und Ohnmacht.

In deine Hände.
An dein Herz.
Wohin sonst?

Weisheit des Alters

> HERR, du hast mich von den Toten heraufgeholt;
> du hast mich am Leben erhalten.
>
> *Psalm 30,4a*

Herr, du weißt besser als ich, dass ich von Tag zu Tag älter werde und – eines Tages alt sein werde. Bewahre mich vor der großen Leidenschaft, die Angelegenheiten anderer ordnen zu wollen.

Lehre mich, nachdenklich, aber nicht grüblerisch, hilfreich, aber nicht diktatorisch zu sein. Bei meiner ungeheuren Ansammlung an Weisheit tut es mit leid, sie nicht weitergeben zu können, aber du verstehst, dass ich mir ein paar Freunde erhalten möchte.

Lehre mich schweigen über meine Krankheiten und Beschwerden. Sie nehmen zu, und die Lust, sie zu beschreiben, wächst von Jahr zu Jahr.

Ich wage nicht, um ein besseres Gedächtnis zu bitten, nur um etwas mehr Bescheidenheit und etwas weniger Bestimmtheit, wenn mein Gedächtnis nicht mit dem der anderen übereinstimmt.

Lehre mich die wunderbare Weisheit, dass auch ich mich irren kann. Erhalte mich so liebenswürdig wie möglich. Ich weiß, dass ich kein Heiliger bin, aber ein alter Griesgram ist das Krönungswerk des Teufels.

Und Herr, lehre mich, an anderen Menschen unerwartete Talente zu entdecken, und verleihe mir die schöne Gabe, sie auch zu erwähnen.

Teresa von Avila (1515–1582), spanische Mystikerin und Theologin

Zweifel
und Glaube

Er bitte aber im Glauben und zweifle nicht;
denn wer zweifelt, der gleicht einer Meereswoge,
die vom Winde getrieben und bewegt wird.

Jakobus 1,6

Es bleiben
trotz aller guter Worte,
trotz Mose, Josua und Richter,
trotz Matthäus, Johannes und Paulus
die Zweifel.

Nicht, dass wir gleichgültig wären.
Oder maßlos.
Oder sonst was.

Nicht, dass wir nicht wollten.
Oder dass wir undankbar wären
und vergesslich.
Eher müde
und von Erfahrungen
wund.

Streue Samen auf unsere magere Erde.
Gib Sonne unseren dunklen Gedanken.
Wir wollen ankommen,
zu Hause,
bei dir,
Gott.

Dann ist es gut.
Erst dann
ist es gut.

Bedrückt

Wer ist unter euch, der,
wie sehr er sich auch darum sorgt,
seines Lebens Länge eine Spanne zusetzen könnte?
Wenn ihr nun auch das Geringste nicht vermögt,
warum sorgt ihr euch um das andre?

Lukas 12,25.26

Ich brauche Menschen, die mir über die Schulter schauen und sagen: Jetzt lass es gut sein. Manchmal brauche ich das mehr, manchmal weniger.

Lass es gut sein, das Grübeln bringt dich jetzt auch nicht weiter. Du hast getan, was du tun konntest, nun lass es gut sein. Lass es gut sein, rede die Welt – und dich selbst – nicht schlechter, als sie ist. Du bist kritisch genug. Jetzt lass es gut sein.

Lass es gut sein und fang nicht immer wieder davon an. Deine Seele braucht auch einmal einen Garten, einen Ausflug, frische Luft und den Gesang der Vögel. Du machst jetzt schon Tage, Wochen an diesem Problem herum. Nun lass es gut sein.

Lass es gut sein jetzt. Leg die Arbeit aus der Hand, sie klebt sonst an dir wie Fliegenleim, verfolgt dich noch in deinen Träumen und am Ende ist nichts getan, was bleibt. Du musst das jetzt wirklich nicht machen. Lass es gut sein.

Ich brauche Menschen, sie müssen nicht unbedingt besonders ausgebildet oder gar bezahlt sein.
Ich brauche Menschen, die mich lieb haben und mir helfen, dass ich einen Berg von einem Maulwurfshügel unterscheiden kann.

Gott, sag du mir: Lass es gut sein.

Ich bin getauft, du machst mir Mut

Ein Mensch, der da isst und trinkt
und hat guten Mut bei all seinem Mühen,
das ist eine Gabe Gottes.

Prediger 3,13

Meine Eltern haben mich
zur Taufe gebracht.
Ich habe nichts,
aber auch gar nichts dazu beigetragen.
Ich habe vielleicht geschrien,
gestrampelt und gemeutert.

So, lieber Gott,
war das ein Leben lang.
Ich habe geschrien,
gestrampelt und gemeutert.
Und doch hat mich
unser Pfarrer getauft.
In deinem Namen.
Mehr habe ich nicht vorzubringen.
Mehr muss auch nicht sein.

Schenke mir den Mut,
den Glauben
überzeugend zu leben.

Ich bin skeptisch

Prüft aber alles und das Gute behaltet.

1. Thessalonicher 5,17

Wer stellt die Waage ein, mit der ich messe?
Wer justiert, wer eicht?
Auf welchen Rat kann ich mich verlassen,
und wer sagt, was er wirklich glaubt?

Die Flut der Information erdrückt mich.
Weiß ich etwas Neues –
und fast in jeder Stunde begegnet mir mehrfach Neues –,
dann scheint mir des Wissens kein Ende.
Es sei denn, das Ende des Wissens wäre eine neue Frage.

Ich weiß, wann mein Fragen ein Ende hat.
Aber ich bin nicht der Maßstab.
Die einen sagen: Du musst einfach …
Andere sagen: Probiers mal mit …
Das sind keine Rezepte für mich.

Vielleicht ist das Wissen dann doch nicht
der Weg zur Erkenntnis?
Aber was dann?

Ich könnte ewig fragen,
und es stellten sich mit den Antworten neue Rätsel.

Gott, wenn du bist und wenn ich bin,
wenn ich mir nicht nur einbilde, mich zu spüren,
und wenn ich nicht nur meine Wünsche »Gott« nenne,
dann offenbare dich.
Ich weiß, ein großes Wort.
Ich könnte auch sagen:
Lass mich dich erfahren.
Und wenn es dich gibt: Lass mich nicht los!

Wenn ich zweifle

Die Barmherzigkeit eines Menschen
gilt allein seinem Nächsten;
aber Gottes Barmherzigkeit
gilt der ganzen Welt.

Jesus Sirach 18,12

Siehe, Herr,
ich bin ein leeres Gefäß, das bedarf sehr,
dass man es fülle.
Mein Herr, fülle es,
ich bin schwach im Glauben, stärke mich,
ich bin kalt in der Liebe.
Wärme mich und mache mich heiß, dass meine Liebe
herausfließe auf meinen Nächsten.
Ich habe keinen festen, starken Glauben,
ich zweifle zuzeiten
und kann dir nicht völlig vertrauen.
Ach Herr, hilf mir,
mehre mir den Glauben und das Vertrauen.
Alles, was ich habe,
ist in dir beschlossen.
Ich bin arm,
du bist reich
und bist gekommen,
dich der Armen zu erbarmen.
Ich bin ein Sünder,
du bist gerecht.
Hier bei mir ist die Krankheit der Sünde,
in dir aber ist die Fülle der Gerechtigkeit.
Darum bleibe ich bei dir, dir muss ich nicht geben:
von dir kann ich nehmen.
Martin Luther (1483–1546)

Wem soll ich trauen?

Wohl dem, der nicht wandelt im Rat der Gottlosen
noch tritt auf den Weg der Sünder
noch sitzt, wo die Spötter sitzen,
sondern hat Lust am Gesetz des HERRN
und sinnt über seinem Gesetz Tag und Nacht!
Der ist wie ein Baum, gepflanzt an den Wasserbächen,
der seine Frucht bringt zu seiner Zeit,
und seine Blätter verwelken nicht.
Und was er macht, das gerät wohl.

Psalm 1,1–3

Manchmal Gott, bist du mir näher,
als ich dachte.
Manchmal bin ich dir näher, als ich ahnte.
Meine Gedanken suchen deine Antworten.
Meine Fragen suchen eine Hand, die bleibt.
Deine Liebe hat mich aufgerichtet,
höher als die Sonne, wärmer als der Tag.
Mit offenen Händen sage ich dir Dank.
Mit wachem Verstand spreche ich mein Gebet.
Mit offenen Augen vertraue ich dir alles Versäumte an.
Am Ende, wenn alles gesagt ist,
ist der Weise zurückhaltend
und der Gläubige ruht in deiner guten Hand.

Du bist. Du bleibst.
Und ich bin und bleibe in dir.

Es kommt die Zeit,
da habe ich Vertrauen gelernt
und stelle keine Fragen mehr.
Gott sei Dank.
Jetzt schon.

Ist da ein Trost?

Wenn mir gleich Leib und Seele verschmachtet,
so bist du doch, Gott,
allezeit meines Herzens Trost
und mein Teil.

Psalm 73,26

Heiliger Geist,
tröste mich in der Not meiner Seele,
tröste mich in meinem Glaubenszweifel,
tröste mich in Krankheit und Angst.
Erbarme dich meiner.

Heiliger Geist,
tröste mich in der Not unserer Gemeinde,
tröste mich in der Zerrissenheit deiner Kirche,
tröste mich in der Begrenztheit unserer Kraft.
Erbarme dich deiner Kirche.

Heiliger Geist,
tröste mich in der Not der Welt,
tröste mich im Entsetzen über Krieg, Hunger
und Unrecht,
tröste mich in der Ohnmacht der Hilfsbereiten.
Erbarme dich deiner Welt.

Gott,
Tröster,
Heiliger Geist,
tröste mich.

Ausweglosigkeit und Weite

Da zog er weiter und grub noch einen andern Brunnen.
Darüber zankten sie sich nicht, darum nannte er ihn
»Weiter Raum« und sprach: Nun hat uns der HERR
Raum gemacht und wir können wachsen im Lande.

1. Mose 26,22

Die Weltgesundheitsorganisation (WHO) schätzt, dass es weltweit etwa eine Million Suizide pro Jahr gibt und dass 10 bis 20 Mal so viele Suizidversuche scheitern.

In der Europäischen Union begehen nach einer Meldung der EU-Kommission aus dem Jahr 2005 jährlich 58 000 Menschen Suizid, wobei die meisten dieser Fälle von Personen begangen werden, die an Depressionen leiden.

Die Zahl der Suizide in Deutschland folgt seit ca. 1980 einem fallenden Trend. 2007 betrug sie 9402, während sie 1980 bei 18 451 gelegen hatte. Als Gründe für den Rückgang werden eine verbesserte fachärztliche Versorgung und die Enttabuisierung psychischer Erkrankungen angesehen.

Menschen, die meinen, in ausweglosen Situationen zu sein, brauchen zuerst jemanden, der ihnen zuhört. Und dann jemanden, der bei ihnen bleibt. Und schließlich jemanden, der sich mit verwundeten Seelen auskennt.

Die Möglichkeit der Veränderung der scheinbar ausweglosen Situation ist oft das geringere Problem.

In der Zwischenzeit gibt es neben der Telefonseelsorge[12] und den einschlägigen kirchlichen Beratungsdiensten der Diakonie und der Caritas viele kompetente Gesprächspartner und Hilfsangebote. Ohne die Qualität anderer schmälern zu wollen: Bei den kirchlichen Einrichtungen kann man sicher sein, nicht an unseriöse Partner zu geraten.

Ich bin nicht verloren

Und ob ich schon wanderte im finsteren Tal,
fürchte ich kein Unglück,
denn du bist bei mir.

Psalm 23,4

Nichts spricht mehr.
Ich habe keine Worte mehr.
Wer soll zu dir sprechen, Gott?
Ich bin verloren.

Du hörst auf den leisesten Ton.
Du liest Gedanken.
Bei dir bin ich nicht verloren.

Bitte, höre mich.
Wenn ich mir jetzt etwas antue,
dann bin ich nicht mehr.
Dann war ich.

Du, mein Gott.
Rette mich.
Bewahre mich vor der eigenen Hand.
Nimm mich an deiner.
Finde mich.
Bitte.

Heute bin ich verzweifelt

Gott, hilf mir! Denn das Wasser geht mir bis an die Kehle.
Ich versinke in tiefem Schlamm, wo kein Grund ist; ich bin
in tiefe Wasser geraten, und die Flut will mich ersäufen. Ich
habe mich müde geschrien, mein Hals ist heiser. Meine
Augen sind trübe geworden, weil ich so lange harren muss
auf meinen Gott.

Psalm 69,2–4

Mein Gott,
ich bin verzweifelt.

Ich habe dich verloren.
Ich sehe keinen Sinn mehr in meinem Tun.
Alles misslingt.
Meine Familie geht auf Distanz.

Nachts kann ich nicht schlafen und am Tag nicht arbeiten.
Wenn es an der Tür läutet, schrecke ich zusammen.
Den Telefonhörer nehme ich nicht ab.

Mein Gott,
ich bin verzweifelt.
Meine Seele ist wund,
mein Körper müde,
mein Kopf leer.

Greif ein.
Zieh mich heraus.
Rette mich,
bevor ich mich vergesse.

Es geht ein Riss mitten durch mich

Ich freue mich und bin fröhlich über deine Güte, dass du
mein Elend ansiehst und nimmst dich meiner an in Not und
übergibst mich nicht in die Hände des Feindes;
du stellst meine Füße auf weiten Raum.

Psalm 31,8.9

Gott,
ich war unsicher, wer ich sei.
Ich hatte dich gefragt, wer ich bin.
Und hatte noch gefragt, wer du bist.
Zu viele Fragen auf einmal.

Ich bin zerrissen.
Bist du es auch bei all dem Elend?
Ich bin sensibel, sagen sie.
Bist du auch sensibel, willst die Bilder nicht sehen
und würdest am liebsten davonlaufen?

Es geht ein Riss mitten durch mich,
mein Glaube ist durchkreuzt,
mein Vertrauen hat Brüche,
mein Gebet stockt.

Ich habe die Geduld verloren.
Ich brauche Hände, Füße, Herzen –
nicht nur Worte.

Zerreiße die Himmel wieder,
erde dich ein zweites Mal,
Gott,
du mein letzter Trost.
Rette uns.

Weiß ich, dass auf gute Nacht
guter Morgen kommt

Denn er wird den Armen
nicht für immer vergessen;
die Hoffnung der Elenden
wird nicht ewig verloren sein.

Psalm 19,19

Abend ward, bald kommt die Nacht,
schlafen geht die Welt;
denn sie weiß, es ist die Wacht
über ihr bestellt.

Einer wacht und trägt allein
ihre Müh und Plag,
der lässt keinen einsam sein,
weder Nacht noch Tag.

Jesu Christ, mein Hort und Halt,
dein gedenk ich nun,
tu mit Bitten dir Gewalt:
Bleib bei meinem Ruhn.

Wenn dein Aug ob meinem wacht,
wenn dein Trost mir frommt,
weiß ich, dass auf gute Nacht
guter Morgen kommt.[13]

Rudolf Alexander Schröder (1878–1962)

Tod und Leben

Heile du mich, HERR, so werde ich heil;
hilf du mir, so ist mir geholfen.

Jeremia 17,14

Ich habe einmal einen Film gesehen mit Julia Roberts. Der Film hieß: ›Entscheidung aus Liebe‹. In dem Film ging es um eine Frau, die sich um einen Mann kümmert, der Krebs hat. Sie wohnt bei ihm, versorgt ihn medizinisch und tröstet ihn nach seinen Chemotherapien und wenn es ihm schlecht geht. Irgendwann verlieben sie sich und die Frau muss damit leben, dass er irgendwann sterben wird. Sie bleibt aber trotzdem bei ihm und versucht, ihm Mut zu machen, um vielleicht wieder gesund zu werden. Als ich diesen Film sah, musste ich daran denken, dass so etwas jedem passieren könnte, dass man selbst oder jemand, den man liebt, jederzeit sterben könnte. Dass das Leben nichts Selbstverständliches ist. Es könnte jederzeit zu Ende sein.«

(Laura, 18 Jahre)

Unter dem Titel »Komm gut heim, Ben«, veröffentlichte Hans-Albrecht Pflästerer[14] einen Beitrag über eine Trauerrede für einen fast auf seine gläubigen Freunde neidischen 70-Jährigen. Ihr habt es gut, hatte er gemeint. »Ihr habt ein festes Gefüge«, hatte er manchmal gesagt. »Ich bin im freien Fall.«

»Komm gut heim, Ben!« Wenn es einigermaßen stimmt, dass die letzte Station mir Orientierung gibt – dass ich also wissen möchte, was mich erwartet; dass ich wissen möchte, wo mein Weg ausläuft, mein Sinn seinen Anhalt und mein Leben sein Ziel hat –, wenn also mein Weg im guten Sinn »Heimweg« sein soll, Weg »ins Vertraute«, dann kann ich mich nicht wie die Burschen und Gesellen aus Grimms Märchen einfach »aufmachen«.

Oder doch?

Muss ich mich nicht doch einfach »aufmachen«?

Doch – was ist da »einfach«?

Akzeptanz der Endlichkeit

HERR, mein Herz ist nicht hoffärtig,
und meine Augen sind nicht stolz.
Ich gehe nicht um mit großen Dingen,
die mir zu wunderbar sind.
Fürwahr, meine Seele ist still und ruhig geworden
wie ein kleines Kind bei seiner Mutter;
wie ein kleines Kind, so ist meine Seele in mir.

Psalm 131,1.2

Herr, du bist groß und hoch zu loben;
deine Macht ist ohne Ende,
deine Weisheit ohne Grenzen.
Und doch wagt der Mensch, dieser winzige Teil
deiner Schöpfung, dich zu loben.
Eben der Mensch, der dem Tod verfallen ist,
der weiß um seine Sünden und weiß,
dass du dem Eitlen widerstehst;
und dennoch, du selbst willst es so:
Wir sollen dich loben aus einem frohen Herzen;
denn du hast uns auf dich hin geschaffen,
und unruhig ist unser Herz,
bis es Ruhe findet in dir.

Augustinus von Hippo (354–430)

Gehen dürfen

Und als Jakob dies Gebot an seine Söhne vollendet hatte,
tat er seine Füße zusammen auf dem Bett und verschied
und wurde versammelt zu seinen Vätern.
Da warf sich Josef über seines Vaters Angesicht
und weinte über ihm und küsste ihn.

1. Mose 49,33; 50,1

Für Angehörige:

Ewiger Gott,
ein Lebenskreis schließt sich.

Aus deinem Licht in dein Licht.
Aus deiner Ewigkeit in deine Ewigkeit.
Aus deinem Geheimnis in dein Geheimnis.

Die Augen haben vieles gesehen.
Die Ohren haben vieles gehört.
Erinnern und Vergessen im rechten Maß
ist ein Segen.

Die Hände waren ein Leben lang rege.
Die Füße sind weite Wege gegangen.
Bleiben und Gehen, Tun und Lassen im rechten Maß
ist ein Segen.

Ewiger Gott,
ein Lebenskreis schließt sich.
Den Leib, die Seele,
dieses Leben –
nimm es behutsam in deine Hände,
es ist uns so kostbar.
… war uns ein Segen.

Ich habe Angst

Ich bin gewiss, dass weder Tod noch Leben, weder Engel
noch Mächte noch Gewalten, weder Gegenwärtiges noch
Zukünftiges, weder Hohes noch Tiefes noch eine andere
Kreatur uns scheiden kann von der Liebe Gottes,
die in Christus Jesus ist, unserm Herrn.

Römer 8,28.29

Angst macht klein.
Angst macht die Wege eng.
Die Gedanken springen.
Das Herz jagt.

Menschen leben in Angst.
Menschen sterben vor Angst.
Sind wie tot – mitten im Leben.

Du bist Gott und liebst das Leben.
Du bist Gott und nimmst die Angst.
Du bist Gott und machst die Kleinen groß.
Du bist Gott und ermutigst zum offenen Wort.
Du bist Gott und kein anderer.

Du weitest den Blick,
entkrampfst jedes Gespräch,
würdigst die am Rand
und trägst nicht das Geringste nach.

Dafür steht und lebt
Jesus.

Wir sagen, er sei dein Sohn.
Wir glauben, er sei auferstanden aus jedem Tod.
Wir hoffen, er sei unser Leben.
Wir sind gewiss, dass nichts uns trennt.
Das nimmt mir Angst.

Ich bin entsetzt

> Als er aber nahe an das Stadttor kam, siehe, da trug man
> einen Toten heraus, der der einzige Sohn seiner Mutter war,
> und sie war eine Witwe; und eine große Menge aus der Stadt
> ging mit ihr. Und als sie der Herr sah, jammerte sie ihn und
> er sprach zu ihr: Weine nicht!
>
> *Lukas 7,12.13*

Gott. So nicht!
Ich verweigere mich den guten Worten.
Du wirst verstehen.
Du hast selbst einen Sohn verloren.

Entsetzt stehe ich vor dem Grab meines Kindes.
Wenn einer versteht, dann du.

Warum?
Hast du dir die Frage auch gestellt?
Sicher.
Und was war die Antwort?
Es geschehe, wie es vorzeiten beschlossen war?
Es war ein tragischer Unfall?
Ich weiß es auch nicht?

Ich bin entsetzt.
Mir geht es dreckig.
Und wenn du ein Wort hast
für mich,
dann bitte erst morgen
oder übermorgen.

Hast du denn
gar kein Gefühl?

Mein Auge ist dunkel geworden

> Mein Auge ist dunkel geworden vor Trauern,
> und alle meine Glieder
> sind wie ein Schatten.
>
> *Hiob 17,7*

Könnte ich, wie ich wollte,
ich würde einfach verschwinden.
Du,
das große DU, du hat es wohl anders vorgesehen.
Ich soll nicht einfach die Straßenseite wechseln,
wie andere die Identität wechseln,
die Staatsbürgerschaft oder die Konfession.

Was bin ich noch?
Herbstlaub, das beim nächsten Wind fällt?
Eine reife Frucht unter dem Baum?

Ob sie mich jenseits noch erkennen?
Ob einer anhält, eine andere sich umdreht
und meint: »Schön, dass es ihn gab.«
Vielleicht, das, wenn ich wüsste ...

Ich gehe schwer.
Ich tue mich schwer mit dem Sterben.
Es ist so endgültig, so lächerlich eigentlich,
so fremd.

Ich habe Menschen kommen und gehen sehen,
aber ich war immer der, der beobachtet hat.
An so vielen Sterbebetten habe ich gebetet.
Nun bin ich auf der anderen Seite.
Eigenartig. Fremd.
Du Gott, bete mir ein freundliches Amen.

Sorge und Lebensfreude

Sorge im Herzen bedrückt den Menschen;
aber ein freundliches Wort erfreut ihn.

Sprüche 12,25

Eines Abends im Sommer kam ich von einer Bespre-
chung im Rathaus. Ich ging am Spielplatz in der
Stadtmitte vorbei. Auf dem Hinweg war er noch richtig
voll mit Kindern, Müttern, Vätern. Jetzt war er leer. Bis
auf ein Spielgerät. Auf der großen Schaukel saß ein
Mann, vielleicht 28, 30 Jahre alt, und schaukelte. Ich
schaute auf das Schild: »Für Kinder bis zu 12 Jahren«
und überlegte, ob ich nicht anhalten und ihm etwas sagen
soll. Da sah ich sein Gesicht. Der junge Mann strahlte.
Pure Lebensfreude. Er schaukelte immer höher, voll-
kommen versunken in dieses Spiel.

Ich habe ihn nicht gestört.

Für einige Minuten war da ein sorgloser Mensch und
hatte einfach Freude am Leben. Paradiesisch.

Ein paar Wochen danach im Spätsommer in einem
Schlosspark. Ich legte mich etwas »ramponiert« nach einer 90-Kilometer-Radtour in den Schatten eines Bau-
mes. Müde beobachtete ich ein ärmlich gekleidetes altes
Paar um die 80. Beide hatten Schuhe und Socken ausge-
zogen, auf eine Bank gestellt und gingen mit sachten,
vorsichtigen Schritten, wohlig gespreizten Zehen und
strahlenden Gesichtern durch den von der Abendsonne
aufgewärmten Sand eines Kinderspielplatzes.

Sie drehten still, fast meditierend im warmen, feinen
Sand ihre Runden, 20, 25 Minuten vielleicht. Dann gingen sie schließlich zurück zur Bank. Die Frau zog ihrem
Mann Strümpfe und Schuhe an. Ein Bild zärtlicher Liebe
im Alter. Ein Bild des reinen Glücks.

Daran erinnere ich mich gern.

Richtig sorglos sein – das ist ein Zustand der Unschuld. Wir sagen dann ja auch oft: Ich fühle mich wie
neugeboren. Wie ein Säugling, der sich noch im paradie-
sischen Urzustand der Schuldlosigkeit befindet.

Ich bin besorgt

Darum sage ich euch: Sorgt nicht um euer Leben, was ihr essen und trinken werdet; auch nicht um euren Leib, was ihr anziehen werdet. Ist nicht das Leben mehr als die Nahrung und der Leib mehr als die Kleidung? Seht die Vögel unter dem Himmel an: Sie säen nicht, sie ernten nicht, sie sammeln nicht in die Scheunen; und euer himmlischer Vater ernährt sie doch. Seid ihr denn nicht viel mehr als sie?
Wer ist unter euch, der seines Lebens Länge eine Spanne zusetzen könnte, wie sehr er sich auch darum sorgt?

Matthäus 6,25–29

Es ist nie gut.
Oder es ist immer gut.
Es ist nie Gott.
Oder es ist immer Gott.

Kirche mag ihre Zeit haben.
Eine Kultur mag ihre Zeit haben.
Ein Mensch mag seine Zeit haben.

Aber nie hat Gott seine Zeit,
die er danach nicht mehr hätte.
Oder das Gute hätte seine Zeit –
und sei dann »aus und vorbei«.

Ich glaube: Es ist immer gut.
Ich bekenne: Es ist immer Gott.

Manche fragen mich, warum ich so naiv sei.
Meist sage ich dann: Weil ich geliebt werde.
Manchmal auch: Weil ich glaube.

Mit der Furcht leben

Gott hat uns nicht gegeben
den Geist der Furcht,
sondern der Kraft und der Liebe
und der Besonnenheit.

2. Timotheus 1,7

Ein Tag folgt dem anderen.
Eine Sorge löst die andere ab.
Ich möchte mich nicht bestimmen lassen
von Sorge und Furcht.
Was ich habe, ich habe es von dir.
Was ich bin, ich bin es durch dich.
Was aus mir wird, es steht bei dir.

Ich fürchte mich nicht vor der Nacht,
denn du Gott, bist mehr als die Sonne.
Ich fürchte mich nicht vor der Stille,
denn du Gott, bist mehr als der Klang.
Ich fürchte mich nicht vor dem Schlaf,
denn du Gott lässt mich nicht los.
Ich fürchte mich nicht vor dem neuen Tag,
denn du, Bruder Gott, gehst ihn mit mir.

Du mein Berg- und Talführer.
Du mein Engel und Hirte.
Du mein Halt.
Du mein ewiges Wort.
Du mein Licht im Dunkel.

Kein Kind von Traurigkeit

Es wird nicht dunkel bleiben
über denen,
die in Angst sind.

Jesaja 8,23

Es ist alles gut.
ich bin aufgeräumt wie selten,
glücklich bin ich,
dass ich das Dunkle hinter mir habe.

Mach mich zu einem Virus,
Gott.
Ich möchte ansteckend leben.
Ich bin so voller Glück,
dass ich schier platze.
Ich muss teilen,
was du mir schenkst.

Die Schöpfung, ein Wunder.
Die Liebe, ein Traum.
Das Leben, ein Konzert,
und ich bin dabei.

Auch wenn sie mich nicht recht verstehen –
ich will mich nicht überheben,
will sie nur anstecken
mit meiner Freude.

Ich bin so frei

Wenn euch nun der Sohn frei macht,
so seid ihr wirklich frei.

Johannes 8,36

Mutter und Vater
haben mich gehalten,
damit ich – an ihrer Hand – gehen konnte.
Ich war so frei.
Freundin/Partner/Mitmensch
haben mich lieb,
damit ich mich – mit ihnen – frei entfalten kann.
Ich bin so frei.

So auch du.
Sage ich »mein Gott«,
dann verstehe ich mich
als »dein Kind«.
Sage ich »treuer Gott«,
dann bin ich deiner Treue gewiss
und damit frei.

Ich spüre lebensnah die Folgen.
Ich muss vor niemandem kuschen.
Ich muss vor keinem kriechen.
Ich muss niemandem nach dem Mund reden.
Ich muss keinen fürchten.

Getauft sein, geliebt sein, gesegnet sein
heißt frei sein.

Das danke ich dir, Gott,
Quelle aller meiner Freiheit.
Ich bin so frei.

Ich bin geborgen

HERR, du erforschest mich
und kennest mich.
Ich sitze oder stehe auf, so weißt du es;
du verstehst meine Gedanken von ferne.
Ich gehe oder liege, so bist du um mich
und siehst alle meine Wege.
Denn siehe, es ist kein Wort auf meiner Zunge,
das du, HERR, nicht schon wüsstest.
Von allen Seiten umgibst du mich
und hältst deine Hand über mir.

Psalm 139,1–5

Ich bin geborgen
im Zuspruch deines Wortes,
Gott.
Ich bin geborgen
im Zuspruch deiner Liebe,
Jesus Christus.
Ich bin geborgen
im Zuspruch meiner Taufe,
Heiliger Geist.

Du umfriedest mein Leben.
Du birgst den Träumer,
den Taumelnden, den Späten,
den Verirrten.
Selbst dem Verlorenen schenkst du Raum.

Ich traue mich.
Ich entdecke Risse in Mauern.
Ich erlebe die Kostbarkeit der Gemeinschaft.
Ich gehe aufrecht.

Mein Leben hat einen Sinn

Zuletzt, liebe Brüder, freut euch, lasst euch zurechtbringen,
   lasst euch mahnen, habt einerlei Sinn, haltet Frieden!
So wird der Gott der Liebe und des Friedens mit euch sein.

2. Korinther 13,11

Es liegt an dir, welche Spuren du hinterlässt.
Es liegt an dir, ob Menschen in deiner Nähe
Angst bekommen oder aufatmen.
Es liegt an dir, ob deine vielen Gaben nur dir
oder der Gemeinschaft zugute kommen.
Es liegt an dir, ob Menschen
ihren Wert entdecken oder an sich zweifeln.

Du bist eine Möglichkeit Gottes.
Mach dich nicht selbst klein, das ist feige.
Mach andere nicht klein, das ist schlimm.

Du musst »die letzte Stufe« nicht gehen.
Jesus Christus ist sie gegangen. Dietrich Bonhoeffer.
Martin Luther King. Mahatma Gandhi. Roger Schutz,
Mutter Teresa …

Aber deinen Weg solltest du gehen.
Nicht stehen bleiben, feige
oder schon in jungen Jahren müde.
Nicht überheblich und kalt.

Es zählt nicht, ob du besser bist oder schlechter,
mutiger oder ängstlicher,
größer oder kleiner bist.
Am Ende zählt, ob du echt gewesen bist.
Ob du echt ein Mensch gewesen bist,
ein Kind Gottes, ein Geschenk für die Welt.
Du bist eine Möglichkeit Gottes. Nütze sie!

Ich bin gesegnet

Und ihr und euer Haus sollt dort
vor dem HERRN, eurem Gott,
essen und fröhlich sein über alles,
was eure Hand erworben hat,
womit euch der HERR, euer Gott,
gesegnet hat.

5. Mose 12,7

Du hast mich
hineingeschrieben
ins Leben anderer
mit jedem Wort,
mit jedem Gebet.

Du hast mich
hineingewoben
ins Geflecht des Lebens
mit jeder Geste,
mit jedem Segen.

Du hast dich
mir versprochen,
mir verschrieben.
Ich trage leicht
und staune:
Ich bin gesegnet.
Es ist schön,
dass es mich gibt.

Anmerkungen

1 Ein kleiner Teil der Gebete und Gedanken ist entnommen und verändert aus den folgenden Büchern, die im Kreuz Verlag erschienen sind:
Gerhard Engelsberger, Von Achtsamkeit bis Zuversicht. 200 Gebete für den Gottesdienst, Stuttgart 2009
Gerhard Engelsberger, Gebete für den pastoralen Dienst, Stuttgart 2004, S. 4
Gerhard Engelsberger, Tod, Stuttgart 2006
Gerhard Engelsberger, Gebete für den pastoralen Dienst, Stuttgart 2004

2 Dietrich Bonhoeffer, Widerstand und Ergebung, © 1998, Gütersloher Verlagshaus, Gütersloh, in der Verlagsgruppe Random House GmbH, München

3 EG 484

4 Seit dem 5. Jahrhundert ist in der Kirche des Ostens das Trishagion (Dreimalheilig) weit verbreitet.

5 Digitales Wörterbuch der Gebrüder Grimm zum Stichwort »Verletzung«, Band 25, Spalten 782–813, Abs. 2

6 W. Lindenberg, Die Menschheit betet, Praktiken der Meditation in der Welt, München/Basel, 1970, S. 144 f.

7 Text aus der Normandie um 1913, früher Franz von Assisi zugeschrieben, EG 416

8 Jochen Klepper, Trostlied am Abend, aus: Kyrie. © Luther-Verlag, Bielefeld ²²2007; EG Österreich 629

9 Nach den meisten Angaben »Aus der alten St. Pauls-Kirche in Baltimore, aus dem Jahr 1692«, in Wirklichkeit vom amerikanischen Schriftsteller Max Ehrmann, 1872 geboren, Todesjahr unbekannt (vgl. Themen 145); Übersetzung/Interpretation nach: Desiderata, Friedrich Schütter, WB 46 181 LP / WB

10 Gerhard Engelsberger, Seligen Schlaf. Kleines Brevier für Schlaflose, Stuttgart 2009, S. 32

11 »Anima Christi sanctafica me«, ein seit dem 14. Jahrhundert weit verbreitetes Gebet, in der Übersetzung von Heinrich Schütz

12 Die Telefonseelsorge ist zu erreichen unter 0800/111 0 111 oder 0800/111 0 222, Anrufe sind kostenlos und werden anonym behandelt; Webseite mit Chat: http://www.telefonseelsorge.de

13 Aus Rudolf Alexander Schröder, Gesammelte Werke in fünf Bänden, Band 1: Die Gedichte. © Suhrkamp Verlag Frankfurt am Main 1952, EG 487

14 Sonntagsblatt 22.11.1996, S. 20 ff.

Die Bibeltexte sind entnommen aus: Lutherbibel, revidierter Text 1984, durchgesehene Ausgabe in neuer Rechtschreibung, © 1999 Deutsche Bibelgesellschaft Stuttgart